PUBLICATIONS
DE L'ALLIANCE DES GROUPES SOCIALISTES-RÉVOLUTIONNAIRES

LA
QUESTION ÉLECTORALE

Prix : 10 centimes

PARIS

Imprimerie typographique de A. CLAVERIE

221, RUE SAINT-JACQUES, 221

—

1889

PUBLICATIONS
DE L'ALLIANCE DES GROUPES SOCIALISTES RÉVOLUTIONNAIRES

LA
QUESTION ÉLECTORALE

PROLÉTAIRE,

C'est à toi, esclave jadis, serf ensuite, salarié maintenant, exploité toujours. C'est à toi notre frère de misère et de souffrance que nous nous adressons.

Ne rejette pas notre appel sans le lire, refléchis et tu verras que nous te disons la vérité.

Ne reste pas plus longtemps inerte, indifférent à tes propres intérêts.

Prends en main leur défense et, en commun, nous triompherons du mauvais vouloir des uns, de la lâcheté ou de la duplicité des autres, et, transformant hommes et choses, nous atteindrons le but qui est de supprimer la misère et d'instaurer pour tous le bien-être, la justice, la lumière.

Ceci dit, écoute nous.

Tu as de nouveau la République. Dans quelques mois tu vas être appelé à voter.

Les députés que tu as nommés au 14 octobre et les candidats qui veulent être élus en 81, viendront te demander ton vote.

Tu décideras une fois encore de la sauce à laquelle tu seras mangé.

Eh bien ! avant de mettre dans l'urne le bulletin qui, tous les quatre ans représente toute ta souveraineté, examine bien la situation qui t'est faite.

Tel ou tel rouage gouvernemental modifié ? Telle ou telle fonction substituée à telle autre ? L'autorité s'exerçant par des mandataires élus à temps ou héréditaires ? Telles sont lorsqu'il s'agit du gouvernement, les questions qui résolues dans un sens ou dans un autre nous donnent ou la monarchie ou la république, la république gouvernementale n'est qu'une forme, autrement dénommée mais toute semblable à la royauté ou à l'empire.

Crois-tu que ces questions résolues ton sort en seras bien changé ?

Regarde ce qui se passe en Suisse, aux États-Unis, autour de toi en France, et ta réponse sera la nôtre.

Pour que ton sort s'améliore, pour que tu ne restes pas la bête de somme des propriétaires de la mine ou du champ, de l'usine ou de l'atelier, il faut que tu sois libre, et la liberté n'est qu'un mot tant qu'elle n'est pas garantie par l'égalité économique. Or la liberté est incompatible avec l'existence d'un gouvernement. Qui dit gouvernement dit autorité, qui affirme la liberté nie le gouvernement.

En effet, plus le gouvernement est fort, plus la prétendue liberté est illusoire et plus difficilement tu

peux espérer reconquérir ton émancipation économique, sans laquelle toutes les libertés sont lettres
mortes pour celui qu'un mot du patron, du proprié-
taire, du capitaliste peut priver de travail et condam-
à mourir de faim.

Pour que la République devienne une réalité, il faut
donc supprimer la machine gouvernementale elle-
même et par conséquent toute représentation de l'au-
rité reposant ou non sur le principe électif.

Pour que la République devienne une réalité, il faut
constituer une société économique dans laquelle il n'y
ait ni dirigeants, ni dirigés, mais des citoyens jouis-
sant d'une indépendance effective et participant direc-
tement à la gestion de leurs intérêts.

Tu as un moyen de reconquérir ton indépendance et
de briser entre les mains de tes ennemis les armes que
jusqu'aujourd'hui tu as forgées toi-même et qui toujours
se sont tournées contre toi :

Fais la grève des électeurs et organise-toi.

Le suffrage universel n'a été et n'est encore pour la
bourgeoisie que le moyen de faire consacrer aux exploités eux-mêmes les privilèges sociaux dont elle
s'est emparée.

Quelle autre signification aura le vote que tu vas
bientôt émettre si ce n'est de choisir le ou les maîtres
par lesquels la bourgeoisie t'exploitera, politiquement,
financièrement et économiquement.

Le salaire qu'elle te donne lui paraît encore trop
considérable et grâce au vote du budget, des tarifs de
douanes, des lois d'impôts ou d'emprunts, des travaux
publics ou privés, elle te sucera jusqu'à la moelle, ce
qu'elle a été obligée malgré elle de te donner en re-
tour de ton travail.

Et c'est pour cela que tu nommerais des députés !

Misère pour misère, mieux vaut cent fois celle qui ne reposant que sur la seule force brutale, laisse du moins intact le droit de revendication plutôt que de donner à cette misère un caractère légal grâce à l'hypocrisie duquel l'oppression ne peut que s'éterniser.

Crois-tu par hasard pouvoir envoyer à la Chambre une majorité de députés qui malheureux et exploités comme toi, connaissent la misère, voudront sincèrement la combattre et la détruire ?

Mais si ce fait impossible se réalisait, tu verrais tous les partis bourgeois, légitimistes, orléanistes, bonapartistes et républicains du centre à l'extrême-gauche se mettre d'accord pour empêcher, fut-ce par un nouveau Deux Décembre qu'une telle assemblée put se réunir.

Tu dis, toi paysan, que si cela se produisait tu décrocherais de la cheminée où il est pendu le vieux fusil avec lequel tu braconnes.

Et toi, ouvrier, tu t'armerais de toute-arme, tu en forgerais au besoin et tous ensemble vous défendriez vos droits méconnus et violés.

Mais alors si vous êtes si disposés que cela à prendre les armes, à quoi bon la comédie du vote puisqu'il ne peut servir à rien.

A quoi bon une nouvelle expérience, et ne te souviens tu pas qu'en 1871, les classes dirigeantes en ont fait ainsi, à l'égard des mandataires régulièrement envoyés à la Commune de Paris par près de 240,000 électeurs.

Mais tu n'espères pas envoyer à la Chambre une

majorité, tu espères tout au plus en une infime minorité.

Tes élus n'empêcheront pas les lois réactionnaires
d'être votées, mais ils protesteront; ils parleront non
pour la Chambre mais pour les masses dont ils aide-
ront ainsi l'éducation.

Que serviront leurs protestations, leurs paroles?
Est-ce que les bourgeois ne les étoufferont par des
cris, des hurlements? Tu ne sais pas sans doute que
la majorité peut empêcher l'entrée de la salle des dé-
libérations à tout député censuré, et la majorité cen-
surera. Tu ne sais pas sans doute que censuré, ton
député verra ses appointements supprimés et retom-
bera à ta charge car tu pratique la solidarité. Tu ne sais
sans doute pas que la majorité peut interdire l'impres-
sion de tout discours révolutionnaire, et faire poursui-
vre les députés.

Pour que le moindre projet de loi soit non pas voté,
mais présenté, les députés sont tenus de s'entendre
avec ceux d'entre eux qui se rapprochent le plus de
leurs idées, pour obtenir l'adhésion de tel ou tel, ton
mandataire devra faire telle ou telle concession, puis
le projet de loi déposé, selon qu'on lui soit favorable,
est amendé, transformé, changé, chaque article est
manié et remanié. Si bien qu'après avoir été l'ex-
pression bien informe déjà de tes idées, il revient à la
discussion de la Chambre sans que toi ni le député
qui l'a présenté reconnaissent dans ce monstre, l'enfant dont vous revendiquiez si fièrement la pater-
nité (1).

(1) Et nous ne parlons pas du jeu de navettes qui résulte de
l'institution du Sénat, organe du suffrage à deux degrés : le
Sénat étant appelé à disparaître par le fait de l'opposition

Comment ne vois-tu pas que ceux que tu enverras ainsi à la Chambre, ou se dégoûteront et alors ils démissionneront, ou se corrompront dans un pareil milieu et bientôt tu auras à augmenter la liste des Tolain, des Langlois, des Nadaud, etc., etc.

« C'est le travail qui fait ta supériorité à toi travailleur.

» C'est la souffrance que tu endures avec tes camarades qui te donne l'amour de la justice.

» Faire vivre de la vie bourgeoise un des tiens, c'est vouloir lui faire oublier le travail et l'atelier, lui faire préférer le salaire de député à celui de l'ouvrier. »

Encore une fois, donc, à quoi bon la comédie du vote?

On nous dira bien qu'en cela nous avons raison, mais que si au point de vue du parlement le suffrage universel est sans effet, il peut du moins servir à nous compter, à nous grouper, à constituer enfin devant l'organisation bourgeoise, le parti du travail et de la Révolution.

Pour constituer sûrement ce parti, il faut au contraire non-seulement rompre avec tous les partis bourgeois, quelque soit leur politique, mais encore avec toute idée préconisant un État, un gouvernement.

Nous aurions beau rédiger des programmes socialistes, révolutionnaires, il se trouvera toujours des bourgeois affamés de pouvoir, beaux parleurs qui les accepteront afin d'entraîner les travailleurs dans les guêpiers de la bourgeoisie.

bourgeoise. Mais que le Sénat soit supprimé ou qu'il continue à exister, la situation n'en reste pas moins la même, la volonté de quelques-uns ne se substitue pas moins à la volonté de tous.

Et les travailleurs, qui de bonne foi, par faiblesse ou par trahison, jouent le même jeu sont-ils donc si rares ?

Ah ! si nous voulons conserver la santé des nôtres ne les envoyons pas pourrir là-bas.

Si la masse des travailleurs préfère encore écouter les paroles dorées, les belles promesses de ses exploiteurs, en attendant qu'elle revienne de son erreur groupons la minorité qui déjà a ouvert les yeux.

Le suffrage universel qui a toujours été un instrument de duperie politique ne saurait être un instrument d'émancipation économique.

Si les grèves récentes ont donné une plus grande force aux revendications des exploités, profitons-en pour aider à l'organisation des groupes et des sociétés de résistance et faire en sorte que les questions qui intéressent tous les travailleurs soient élucidées de façon à ce qu'on puisse tenter leur réalisation pratique par l'action commune.

Certes il y a difficulté, certes la période d'organisation ne sera pas d'un seul jour, mais aussi quand luira l'aurore de l'émancipation, la révolution prendra un nouvel essor, puis ayant vaincu pour toujours, c'en sera fait de l'exploitation et de la misère.

N'oublie pas, prolétaire, que la monarchie la plus absolue comme la république gouvernementale la plus démocratique sont les produits et l'application du principe *d'autorité* et de *force* qui a présidé à la naissance des sociétés humaines.

Quoiqu'en démocratie l'État soit censé représenter et administrer les intérêts populaires, il ne représente au contraire que l'intérêt des privilégiés, car l'État n'a été créé qu'uniquement à leur profit.

En réalité, et sous prétexte que tous sont enfants de la même patrie, l'État prétend que tous obéissent à la même loi.

Diversité des intérêts résultant de la différence des conditions, de la configuration géographique, du climat, des mœurs, tout doit s'effacer devant l'idée générale du bien de l'État, et qu'est-ce que le bien de l'État sinon celui des classes privilégiés.

Par conséquent la loi est faite uniquement pour pour sauvegarder les intérêts des privilégiés :

L'éducation primaire pour le travailleur, supérieure pour le bourgeois, pour tous l'éducation officielle moulant dans le cerveau de l'enfant le principe d'autorité.

Le suffrage universel fonctionnant de telle façon qu'il ne sert qu'à constituer entre les mains de la bourgeoisie le gouvernement du pays.

La magistrature, l'armée, la police .. mais à quoi bon insister?

Si la République doit être autre chose qu'une substitution de mots et de personnes, si elle doit être la consécration des droits du travail et l'établissement de la justice sociale, en un mot la supression des privilèges capitalistes, qu'y peut le suffrage universel?

Au point de vue de la science, de quel poids pèse la majorité si elle a tort? — La vérité naissante n'a-t-elle pas toujours eu la majorité contre elle?

Le suffrage universel même fonctionnant loyalement, serait encore un mensonge, au point de vue de ta souveraineté.

Quand on nomme un député, les citoyens, — les citoyennes sont exclues, — déposent dans l'urne leur bulletin de vote par lequel un candidat quelconque réunit la majorité, ce candidat est déclaré élu et représentant du peuple.

Les absents, les malades, les abstentionnistes, les exclus et les femmes s'en vont rejoindre les minorités battues dans le choix d'un homme chargé de défendre *les idées, l'opinion* et *les intérêts de tous.*

Les intérêts sont contradictoires ?

Qu'importe !

Toi ! ouvrier, pour obtenir une augmentation de quelques centimes ou pour diminuer tes heures de travail, tu es obligé d'entrer en lutte contre ton patron qui au besoin appelle soldats, gendarmes et magistrats à son secours.

Toi paysan, ton fermage augmente tous les jours, les impôts absorbent la moitié de ton travail, l'usurier s'empare du restant en attendant qu'il t'exproprie.

Qu'importe !

Le même homme vous *représente !*

Encore une fois le suffrage universel n'est autre chose que l'élimination des hommes et des idées, l'oppression des minorités par une majorité factice, une duperie et un mensonge pour tous.

Abandonne donc, prolétaire de la ville et des champs, les errements du passé.

Rappelle-toi que le plus sûr moyen de combattre un gouvernement c'est de faire le vide autour de lui. L'opposition le soutient, lui permet de reconnaître parfois ses erreurs et de corriger les plus criantes ; il se maintient à l'aide de quelques réformes apparentes, et c'est ainsi qu'il éternise ta misère.

ABSTIENS-TOI.

Mais ne va pas croire que parce que tu te seras

abstenu de voter, que tu auras refusé de consacrer toi-
même ton exploitation, tout sera dit? Non! ton absten-
tion sera le commencement de l'action.

Il te faudra vouloir et vouloir jusqu'au bout pour ré-
soudre le problème économique de ta misère, pour
réaliser ton émancipation, but de la Révolution.

Oui, abstiens-toi de voter mais gardes-toi bien de ne
pas prendre part à l'agitation électorale.

Que dans chaque réunion tu sois présent pour pro-
pager les idées et combattre les hommes.

Fais bien comprendre à ceux à qui tu t'adresseras
ce que c'est, ce que doit être la Révolution.

Convaincs électeurs et candidats que tous ceux qui
se présentent à la députation, ou trompent les autres
ou se trompent eux-mêmes.

Il existe dans la masse du prolétariat des citoyens
bien intentionnés qui, socialistes convaincus, croient
néanmoins à la possibilité d'une transformation gra-
duelle, comme si la moindre réforme n'avait due être
arrachée par la force.

A ceux-là, nous dirons que pour eux aussi l'absten-
tion est un devoir, car le suffrage universel n'est qu'un
leurre. Comment supposer qu'un homme ait assez de
capacités, et les connaissances universelles néces-
saires pour pouvoir se prononcer sur des questions
aussi multiples que celles qui sont soumises à un parlement?

Quant à nous, qui ne voulons plus de majorité ni de
minorité, mais la réalisation des besoins par les con-
trats librement formulés.

Quant à nous, qui n'espérons plus en des réformes
parlementaires, une classe ne se suicidant pas.

Quant à nous, qui voulons que l'homme libre enfin

puisse se grouper librement, que les groupes puissent librement se fédérer entre eux.

Quant à nous qui voulons la disparition des classes, l'égalité, la liberté, la solidarité, autrement dire l'émancipation économique de tous par l'appropriation collective des instruments de travail, nous nous préparons pour la Révolution.

Partant de cette idée que l'évolution se fait d'abord lentement dans les cerveaux de la minorité qui traduit l'idée dans les faits. Que trop souvent l'ouvrier, le paysan ne peuvent lire un livre, une brochure que quelquefois même le journal leur manque ou reste incompris, le fait brutal alors, lui, vient les arracher à leur ignorance, et la propagande des idées suit son cours, la Révolution marche ; nous aiderons à la production de ces faits.

Nous ne perdrons pas une occasion pour faire toucher du doigt aux exploités l'incapacité, l'hypocrisie et l'égoïsme de classe des gouvernements actuels, ainsi que le caractère vicieux et nuisible du régime gouvernemental.

Faire la guerre à l'État et à ses représentants, non pour prendre une place dans leurs conseils comme le font les partis politiques, mais pour ébranler la force qu'ils opposent aux aspirations des travailleurs, et pour activer leur chute inévitable, telle doit être notre action.

Enfin, convaincus que l'émancipation des travailleurs ne peut être que l'œuvre des travailleurs eux-mêmes nous remplirons nos devoirs envers les autres et envers nous-mêmes et marcherons résolument à la conquête de nos droits !

AVIS IMPORTANT

Les Citoyens ou les Groupes de Citoyens qui auraient des observations, des communications ou des adhésions à faire parvenir à l'Alliance des groupes socialistes-révolutionnaires sont invités à s'adresser à la Commission du Secrétariat.

Pour la Commission du Secrétariat :

FRANÇOIS JEALLOT, homme de peine, rue Mouffetard, 140, à Paris;

JULE LEMALE, relieur, rue Cassette, 1, à Paris.